CHANSONNETTES PATOISES

PAR

Pierre BOUILHAC,

Laboureur.

1re Le Jardin d'amour. — 2e La Promenade du cœur. —
3e La petite Merveille. — 4e Le Bouquet enchanté. —
5e Le Banquet nuptial. — 6e Les Agaceries de Jeannette.

PÉRIGUEUX

DUPONT ET Cie, RUES TAILLEFER ET DES FARGES

Mars 1876

CHANSONNETTES PATOISES

PAR

Pierre BOUILHAC,

Laboureur.

1º Le Jardin d'amour. — 2º La Promenade du cœur. — 3º La petite Merveille. — 4º Le Bouquet enchanté. — 5º Le Banquet nuptial. — 6º Les Agaceries de Jeannette.

PÉRIGUEUX

DUPONT ET Cⁱᵉ, RUES TAILLEFER ET DES FARGES

—

Mars 1876

CHANSONNETTES PATOISES

LE JARDIN D'AMOUR.

Air : *Baysso-tè mountayno, lévotè vallou.*

1er Couplet.

Sur moun roc salvazé lou printein veinguet, (*bis*)
D'amours et dè rosas el lou tapissait. (*bis*)

2e Couplet.

Et bienléou voultigeint guirlandas et flours, (*bis*)
Lou souleil la doro d'un rayoun d'amour. (*bis*)

3e Couplet.

Dè moun roc s'exhalo daus parfums ta doux (*bis*)
Qu'ùn dirio què véneint dùn cœur amouroux. (*bis*)

4ᵉ Couplet.

Un inteint sans cesso bourdouna pertou (*bis*)
Lou niou, la fauvéto et lou papillou. (*bis*)

5ᵉ Couplet.

Daus bourdous ta teindreys sautis d'uno flour (*bis*)
Vestisseint dè charmeys lou raybè d'amour. (*bis*)

6ᵉ Couplet.

Et tout sè fayt rosas per miel embeauma (*bis*)
Eyssi las annadas nou sè fanneint pa. (*bis*)

7ᵉ Couplet.

Un po pas rè veyrè de pus insantour (*bis*)
Què l'indrè oun pousso la roso d'amour. (*bis*)

8ᵉ Couplet.

Uno fée s'abrito sur moun roc fluri, (*bis*)
Dè doussours, dè charmeys eylo l'imbèli. (*bis*)

9ᵉ Couplet.

Lous auzéos, èoux-mèmes, rèpéteint touzour *(bis)*
A quel bel cantique qu'appelleint l'amour. *(bis)*

10ᵉ Couplet.

Tout eyssi respiro un bounhur sans fi ; *(bis)*
Lou gazoun, la moulso, la flour zou m'en di. *(bis)*

11ᵉ Couplet.

Quoy eytal què Diou lou paradis fagué *(bis)*
Sur un bri dè moulso, l'amour s'y troubè. *(bis)*

LA PROMENADE DU COEUR.

Air : *Commençons la semaine, qu'en dis-tu, cher voisin ?*

1ᵉʳ COUPLET.

Coumeinsant la zournado
Mè dit la Zanètou,
Lou mati la chansou,
Lou ser la permènado.

REFRAIN

Val bien miel bien s'eyma,
S'adoura sans zou sè dirè,
Val bien miel bien s'ayma
Què zou dirè sans zou fa.

2ᵉ COUPLET.

La bello Margaritto
Mè counservo touzour

Soun cœur et soun amour
Per embelli ma vitto.

REFRAIN.

Val bien miel bien s'ayma,
S'adoura sans zou sè dirè,
Val bien miel bien s'ayma
Què zou dirè sans zou fa.

3e COUPLET.

Margoutillo escoutavo
Lou qu'appelleint l'amour ;
Lou couqui tout lou zour
Soun cœur essarmènavo.

REFRAIN.

Val bien miel bien s'ayma,
S'adoura sans zou sè dirè,
Val bien miel bien s'ayma
Què zou dirè sans zou fa.

4ᵉ Couplet.

Ma feimno vol plo rirè,
Prèteint què n'aymi doua ;
Eylo so pas coumpta
Quoy treinto què sal dirè.

Refrain.

Val bien miel bien s'ayma,
S'adoura sans zou sè dirè,
Val bien miel bien s'ayma
Què zou dirè sans zou fa.

5ᵉ Couplet.

Sur lou bel sé d'Hortenso
Un vé luzi l'amour ;
El taquino touzour
Et lou cœur boto ein danso.

Refrain.

Val bien miel bien s'ayma,
S'adoura sans zou sè dirè,

Val bien miel bien s'ayma
Què zou dirè sans zou fa.

6ᵉ Couplet.

Zanetou deybousavo
Un essavel dè flours,
Di lou gumel touzours
L'amour sè faufilavo.

Refrain.

Val bien miel bien s'ayma,
S'adoura sans zou sè dirè,
Val bien miel bien s'ayma
Què zou dirè sans zou fa.

7ᵉ Couplet.

Un zour yau rencontrairi
La bello Zanètou,
Mè dounait un poutou,
Ma yau lou ly tournèri.

REFRAIN.

Val bien miel bien s'ayma,
S'adoura sans zou sè dirè,
Val bien miel bien s'ayma
Què zou dirè sans zou fa.

8ᵉ COUPLET.

Calquorè, zou vous dis-ji,
Lou cœur mè satouillait,
Zanètou sin meylet
Mè dounait lou vertigi.

REFRAIN.

Val bien miel bien s'ayma,
S'adoura sans zou sè dirè,
Val bien miel bien s'ayma
Què zou dirè sans zou fa.

9ᵉ COUPLET.

Per fini la zournado,
Mè sal trouba touzour

Un piti bri d'amour,
Uno pito eimbrassado.

Refrain.

Val bien miel bien s'ayma,
S'adoura sans zou sè dirè,
Val bien miel bien s'ayma
Què zou dirè sans zou fa.

LA PETITE MERVEILLE.

Air : *Baysso-tè mountagno, lévotè vallou.*

1er Couplet.

Sur lous cœurs yau chanti may sur las amours, *(bis)*
Lou printein, la zoyo, lou mel et las flours. *(bis)*

2e Couplet.

Lou lis et la roso s'intindeint tous dou *(bis)*
Per fa de ma miyo un piti bizou. *(bis)*

3e Couplet.

Di soun cœur sè lozo la dousso candour, *(bis)*
Di soun œuil nè brillo un esclair d'amour. *(bis)*

4e Couplet.

Lou mati ayt zolio et lou ser bien miel, *(bis)*
L'amour per l'y playré davalo del ciel. *(bis)*

5ᵉ Couplet.

Sur moùs pas mè fouito lous plazers, las flours, (*bis*)
Et lou ciel sè dreubo per yau tous lous zours. (*bis*)

6ᵉ Couplet.

Lou souleil, la luno, l'estello del ciel, (*bis*)
Què l'œuil de ma miyo nè brillié pas miel. (*bis*)

7ᵉ Couplet.

L'argeint, l'or, la perlo per eylo sount rè, (*bis*)
Dis un zour dè festo Diou la feyssounè. (*bis*)

8ᵉ Couplet.

Di soun doux sourirè millo nious d'amour (*bis*)
Fascineint la visto, lou cœur per touzour. (*bis*)

9ᵉ Couplet.

Vouldrio plo, zou zuri, nè culi calcun (*bis*)
Sans pièta ma miyo nè douno pas un. (*bis*)

10ᵉ Couplet.

Diou dè Diou m'inquièti may moun cœur tabè, *(bis)*
Un boun mout mè calmo ein soun air tindrè. *(bis)*

11ᵉ Couplet.

Mo ein mo eintrèrant dit un bousquètou *(bis)*
Q'habiteint lou raybè, la flour, l'auzèlou. *(bis)*

12ᵉ Couplet.

Ma miyo s'eindeur sur un gazoun ein flour *(bis)*
Millo auzeaux la berceint di lours chants d'amour. *(bis)*

13ᵉ Couplet.

Lou lila, la roso et lou sabridou *(bis)*
Fant pléoré sur eylo sa qu'an dè pu dou. *(bis)*

14ᵉ Couplet.

Ma miyo seyveillo dis un sounze huroux *(bis)*
Mel, ni la, ni beaumè fuguèreint pu doux. *(bis)*

15ᵉ Couplet.

Quoy eytal què Diou lou paradis faguè *(bis)*
Dis un pli de roso l'amour s'y troubè. *(bis)*

16ᵉ Couplet.

Ma bienleau tout cesso plazers et sanchoux, *(bis)*
L'amour et soun charmey s'einvoleint tous doux. *(bis)*

LE BOUQUET ENCHANTÉ.

Air : *Bayssoté mountagno, lévoté rallou.*

1ᵉʳ Couplet.

Uno zinto drolo daurado d'amour (*bis*)
Di moun cœur ein brazo, sè glissait un zour. (*bis*)

2ᵉ Couplet.

Podi pa vous dirè lou plazer qu'agui, (*bis*)
Crèguéri mè veyri di lou paradi. (*bis*)

3ᵉ Couplet.

Di ma sabonoto ma bello vinguet, (*bis*)
Sur soun sè brillavo un zoli bousquet. (*bis*)

4ᵉ Couplet.

Dè flours einsantadas, eylo l'avio fa, (*bis*)
D'amours, dè tendressas l'avio parfuma. (*bis*)

5ᵉ Couplet.

Poudia pas, zou crézi, lou miel embaumia, (*bis*)
D'un fial d'amouretto l'aviot estassa. (*bis*)

6ᵉ Couplet.

Voulgueri, zou zuri, lou sainti un jour, (*bis*)
L'y troubi lou charmé, lou beaumé d'amour. (*bis*)

7ᵉ Couplet.

Sur un liet de rosas eylo s'indurmi ; (*bis*)
L'amour di soun raybè serviot de couyssi. (*bis*)

8ᵉ Couplet.

Un raybè ta zoli bienleau s'einvoulait (*bis*)
Notro zinto drolo eindel sen annait. (*bis*)

9ᵉ Couplet.

Sous un play ma bello s'assupit un zour (*bis*)
Berçado zou sabi d'un nouvel amour. (*bis*)

10ᵉ Couplet.

Lou bousquet sè fanno, la fillo tabé, (*bis*)
Yaguè pu dè charmeys, lou ciel se cluqué. (*bis*)

11ᵉ Couplet.

Ainsi, di la vito, un trobo touzour (*bis*)
Un momen dè zoyo apeuy la doulour. (*bis*)

LE BANQUET NUPTIAL.

Air du *Second Quadrille des Étudiants*.

1ᵉʳ COUPLET.

Hueit lou ciel ayt ein festo per aqueaux amouroux,
Et di lours cœurs fayt plèorè tout sa qu'a dè pu doux.

REFRAIN.

Sount bien huroux,
Poudeint zou dirè,
Sount bien huroux,
Nous sal bien rirè,
Sount bien huroux ⎫
Aqueaux amouroux. ⎭ *Bis.*

2ᵉ COUPLET.

Uno charmanto nobio parado dè candour,
Per un seintier dè roso al timplé annet un zour.

Refrain.

Sount bien huroux,
Poudeint zou dirè,
Sount bien huroux,
Nous sal bien rirè,
Sount bien huroux } Bis.
Aqueaux amouroux. }

3ᵉ Couplet.

Uno blansso courouno tressado per l'amour
Nè douno à sa paruro calcoré d'inchantour.

Refrain.

Sount bien huroux,
Poudeint zou dirè,
Sount bien huroux,
Nous sal bien rirè,
Sount bien huroux } Bis.
Aqueaux amouroux. }

4ᵉ Couplet.

Un ruza la gueytavo, dè soun œuil lo sègait,
El culit uno roso sur soun sè l'estassait.

Refrain.

Sount bien huroux,
Poudeint zou dirè,
Sount bien huroux,
Nous sal bien rirè,
Sount bien huroux ⎫
Aqueaux amouroux. ⎭ *Bis.*

5ᵉ Couplet.

Mo cin mo s'avancèreint d'uno chapello in flours,
Et sur l'autal zurérint dè bien s'ayma touzours.

Refrain.

Sount bien huroux,
Poudeint zou dirè,
Sount bien huroux,

Nous sal bien rirè,
Sount bien huroux }
Aqueaux amouroux. } *Bis.*

6ᵉ Couplet.

Sur la dallo del timplé tous dous azonouillas
Vèguérint di la zoyo lours cœurs einsadénas.

Refrain.

Sount bien huroux,
Poudeint zou dirè,
Sount bien huroux,
Nous sal bien rirè,
Sount bien huroux }
Aqueaux amouroux. } *Bis.*

7ᵉ Couplet.

Sur la bransso dè myrtè chanteint lous auzèlous,
Lous plazers et la zoyo d'aqueous dous amouroux.

Refrain.

Sount bien huroux,
Poudeint zou dirè,
Sount bien huroux,
Nous sal bien rirè,
Sount bien huroux ⎫
Aqueaux amouroux. ⎭ *Bis.*

8ᵉ Couplet.

Dis uno chansounnetto fasso per aquel zour,
Vous ay dounna la copio d'un anzè dè doussour.

Refrain.

Sount bien huroux,
Poudeint zou dirè,
Sount bien huroux,
Nous sal bien rirè,
Sount bien huroux ⎫
Aqueaux amouroux. ⎭ *Bis.*

9º COUPLET.

Per bien festa la noce de nostreis partourous,
Nou sal trinquas et beauré al bounhur dé tou dous.

REFRAIN.

Sount bien huroux,
Poudeint zou diré,
Sount bien huroux,
Nous sal bien riré,
Sount bien huroux
Aqueaux amouroux. } *Bis.*

LES AGACERIES DE JEANNETTE.

Air du *Quadrille des Etudiants*.

1ᵉʳ Couplet.

Dis un piti chambril oun Zanètou sè lozo
Coulo beaumè d'amour, coulo beaumè dè rozo.

Refrain.

Touzour, touzour, la neu coumo lou zour.
Et roupiou piou, vivo Zanètou ! } *Bis.*
Et roupiou piou, vivo l'amourou !

2ᵉ Couplet.

La bello Zanètou a dous œuils, zou vous dis-ji,
Quein vous invisazant vous donneint lou vertiji.

Refrain.

Touzour, touzour, la neu coumo lou zour.
Et roupiou piou, vivo Zanètou ! } *Bis.*
Et roupiou piou, vivo l'amourou !

3ᵉ Couplet.

Quand Zanètou parey, dè l'amour quoy la copio,
Un piti paradis al tour d'eylo sè trobo.

Refrain.

Touzour, touzour, la neu coumo lou zour.
Et roupiou piou, vivo Zanètou !
Et roupiou piou, vivo l'amourou ! } *Bis.*

4ᵉ Couplet.

Di moun zardi fluri un zour l'amour chantavo
Lou cœur indoulvèra Zanètou l'escoutavo.

Refrain.

Touzour, touzour, la neu coumo lou zour.
Et roupiou piou, vivo Zanètou !
Et roupiou piou, vivo l'amourou ! } *Bis.*

5ᵉ Couplet.

Sur un gazoun s'eindeurt la charmanto Jeannetto,
Un raybè délicioux l'y traverso lo testo.

Refrain.

Touzour, touzour, la neu coumo lou zour.
Et roupiou piou, vivo Zanètou ! } *Bis.*
Et roupiou piou, vivo l'amourou ! }

6ᵉ Couplet.

Un zoli piti bru ein sursaut la réveillo,
Quoy lou bru dè l'amour què tinto à soun aureillo.

Refrain.

Touzour, touzour, la neu coumo lou zour.
Et roupiou piou, vivo Zanètou ! } *Bis.*
Et roupiou piou, vivo l'amourou ! }

7ᵉ Couplet.

Un bru ta bravillou vous inberlificoto,
Vous imbeaumo lou cœur et di lou ciel vous boto.

Refrain.

Touzour, touzour, la neu coumo lou zour.
Et roupiou piou, vivo Zanètou ! } *Bis.*
Et roupiou piou, vivo l'amourou ! }

8ᵉ Couplet.

Zamay dégun n'a vi la Zanètou sourirè
Sans sinti di soun cœur l'amour et soun délirè.

Refrain.

Touzour, touzour, la neu coumo lou zour.
Et roupiou piou, vivo Zanètou ! ⎫
Et roupiou piou, vivo l'amourou ! ⎭ *Bis.*

9ᵉ Couplet.

La Zanètou sa bè què soun œuil nous fascino,
Nè rit dè tout soun cœur et mêmo nous badino.

Refrain.

Touzour, touzour, la neu coumo lou zour.
Et roupiou piou, vivo Zanètou ! ⎫
Et roupiou piou, vivo l'amourou ! ⎭ *Bis.*

10ᵉ Couplet.

Perqué la Zanètou d'amour ayt touto fasso,
Voli l'y damanda di soun cœur uno plasso.

Refrain.

Touzour, touzour, la neu coumo lou zour.
Et roupiou piou, vivo Zanètou ! ⎫
Et roupiou piou, vivo l'amourou ! ⎬ *Bis.*

11ᵉ Couplet.

Un zour la Zanètou dous poutous m'invouyavo,
Nè voulguéri mas un perquè l'autrè mè tuavo.

Refrain.

Touzour, touzour, la neu coumo lou zour.
Et roupiou piou, vivo Zanètou ! ⎫
Et roupiou piou, vivo l'amourou ! ⎬ *Bis.*

12ᵉ Couplet.

Da quello mort touzour, touzour un raviscolo,
La Zanètou zou dit, zou so et zou vous provo.

Refrain.

Touzour, touzour, la neu coumo lou zour.
Et roupiou piou, vivo Zanètou !
Et roupiou piou, vivo l'amourou ! *Bis.*

13ᵉ Couplet.

Dè tant dè Zanètous à quello ayt pu ruzado
Què vous saisi lou cœur, lou boto ein marmèlado.

Refrain.

Touzour, touzour, la neu coumo lou zour.
Et roupiou piou, vivo Zanètou ! }
Et roupiou piou, vivo l'amourou ! } *Bis.*

14ᵉ Couplet.

Toutas la Zanètous quoy daux luzers, zou zuri,
Quo vous croquo lou cœur, quo donno lou martiri.

Refrain.

Touzour, touzour, la neu coumo lou zour.
Et roupiou piou, vivo Zanètou ! }
Et roupiou piou, vivo l'amourou ! } *Bis.*

Imp. Dupont et Cⁱᵉ.

www.ingramcontent.com/pod-product-compliance
Lightning Source LLC
Chambersburg PA
CBHW060714050426
42451CB00010B/1431